Pour mes trois souris à moi
Marie, Julie et Jeanne

Loi n° 49.956 du 16 juillet 1949 sur les publications
destinées à la jeunesse : septembre 1992
Dépôt légal : septembre 1992
Imprimé en France par Mame Imprimeurs à Tours

Diffusion l'école des loisirs

Caroline Pistinier

CHLOÉ
et la dent de lait

kaléidoscope

Marie emballe soigneusement sa dent dans un mouchoir qu'elle glisse sous son oreiller. Chloé la regarde faire. "Une souris va ramasser cette dent, et puis quoi encore ? Qu'est-ce qu'une souris ferait d'une dent ? C'est sûrement un truc pour venir s'installer ici !" pense Chloé.

“Mais s’il n’y a pas de dent,
il n’y aura pas de souris.
Je vais la ramasser moi-même
et le tour sera joué”, se dit Chloé.
Courageuse, la petite souris
met son projet à exécution.

Elle entreprend l'escalade du lit.

Un coin du mouchoir dépasse de l'oreiller.
Chloé l'agrippe et tire de toutes ses forces.
« Mince. Il est coincé. Il y a quelque chose qui cloche ! »

Effectivement, plus elle tire, plus le mouchoir semble la tirer dans l’autre sens. C’est alors que Chloé découvre l’ennemie redoutée, la souris ramasseuse de dents, cramponnée à l’autre bout du mouchoir. Celle-ci refuse de lâcher prise.

« Donne-moi ça ! » hurle-t-elle.

« C’est à moi ! » crie Chloé.
« J’lai eu la première ! »

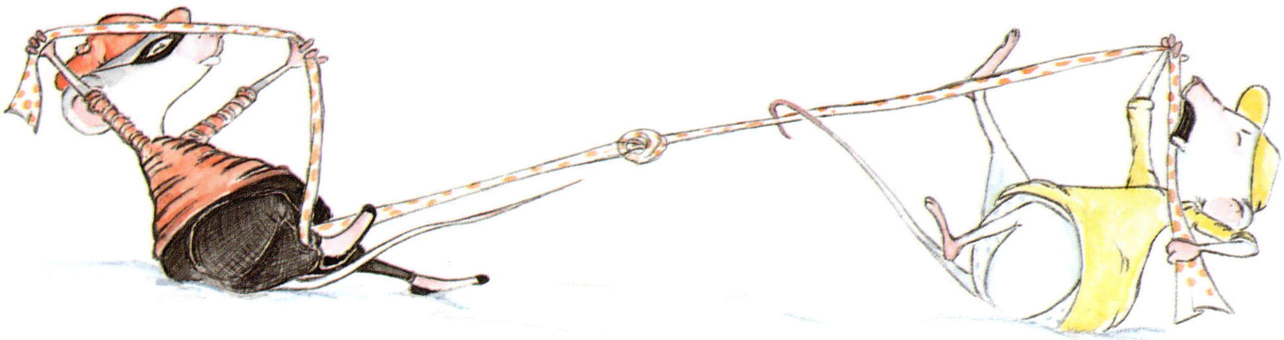

« Menteuse ! »
« Toi-même ! »
« Souris de laboratoire ! »
« Souris de compagnie souris pas jolie ! »
« C’est celui qui l’dit qui y’est ! »

« Eh ! regarde derrière toi !»

Chloé se retourne et l’intruse s’enfuit avec la dent de Marie.

Chloé s’élance à sa poursuite.
Elle ne va tout de même pas céder
devant cette voleuse de souris grise !
Chloé tombe sur une longue file de souris,
toutes identiques à sa voleuse.

Elles ont une dent à la main qu'elles présentent à un contrôleur : « Une dent de fillette... une autre dent de fillette... une dent de petit garçon... Ah non ! Vous n'aviez absolument pas le droit de ramasser un dentier, c'est formellement interdit, nous ne prenons que les dents de lait ! » hurle le contrôleur, menaçant.
Chloé profite de l'incident et se faufile à la recherche de sa voleuse.

« Mais où est passée cette sale souris ? Elles se ressemblent toutes. »
Dans l'autre pièce, des souris aux allures de cyclope examinent des dents.
« Parfaite ! pas la moindre trace de carie et quelle blancheur ! une vraie petite merveille ! » dit l'une d'elles. Puis elle demande un peu plus fort :
« Qui a rapporté ce petit bijou ? »

Chloé reconnaît alors sa voleuse qui s'avance fièrement.
« C'est moi, elle vient de la petite Marie que je surveillais depuis bien longtemps », annonce-t-elle.
« Menteuse ! elle est à moi ! de quel droit prends-tu la dent de *ma* Marie ? »
La dispute reprend, les souris grises ouvrent de grands yeux, étonnées.

Entre deux insultes, Chloé aperçoit une souris grise en blouse blanche qui s'empare de la dent et quitte la pièce, indifférente à la querelle.
« Ah non ! arrêtez ! cette dent est à moi ! » crie Chloé, qui abandonne son adversaire sur place.

Elle traverse une pièce encombrée d'une multitude de beaux paquets.
« Doucement ! tu crois que c'est facile de faire les emballages ! » rouspète l'une d'elles.
« Ah, ce sont les cadeaux destinés aux enfants en échange de leurs dents. C'est donc vrai, cette histoire. Mais à quoi peuvent bien servir toutes ces dents ? » demande Chloé.
« Ne vois-tu pas que nous sommes occupées ? »
« Tu pourrais être polie au moins ! espèce de rat d'hôtel mal luné ! » grommèle Chloé, et elle repart à la recherche de la dent de Marie.

Chloé arrive alors dans une immense salle très claire.
De nombreuses souris en blouse blanche s'activent.
Certaines observent une carte lumineuse presque aussi grande que le mur.
« De plus en plus étrange, dit Chloé. Mais où donc est passée la dent de Marie ? »

Soudain tout se met à vibrer. Un bruit assourdissant, un bruit de tonnerre, retentit dans la salle et une voix crie :

Toutes les souris en blouse blanche disparaissent comme par magie. Chloé tente de les suivre, mais elle se retrouve dans une nouvelle salle au décor surprenant. De grandes colonnes grises tremblent dangereusement.

« Oh, là, là ! Tout va s'écrouler ! » dit Chloé.

D'autres souris grises se promènent, des magazines à la main.

Elles sourient, regardent en l'air et répètent :
« Ce ne sera pas long ! »
« Voulez-vous de la lecture ? »
« Détendez-vous ! »
« Non, mais je rêve ! la terre s'écroule et elles sourient au plafond ! » s'indigne Chloé.
À son tour elle lève les yeux.

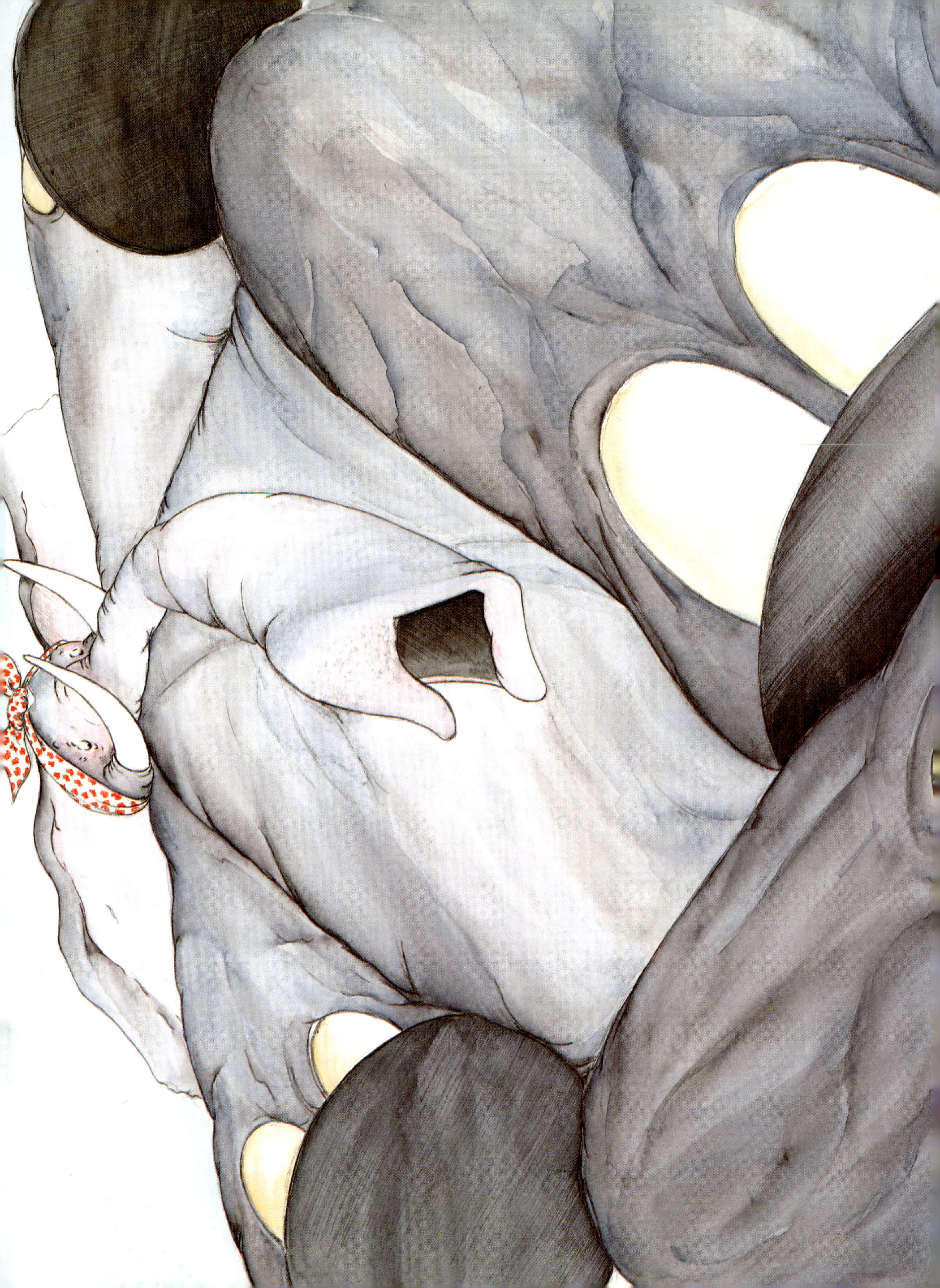

Elle est absolument terrifiée par ce qu'elle voit.

Prise de panique, elle se met à courir dans tous les sens en hurlant :

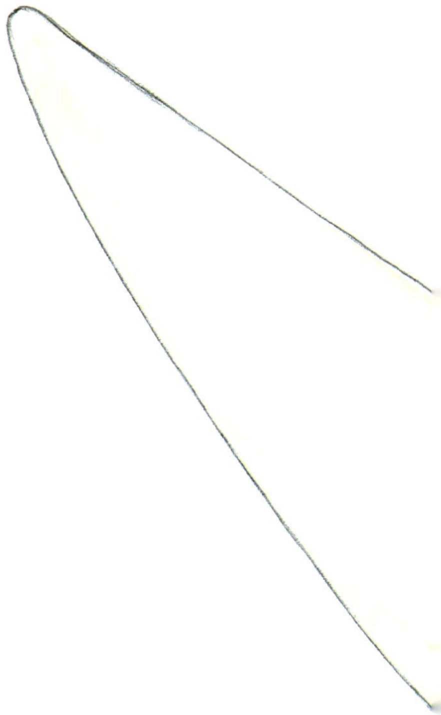

Des souris en blouse blanche la rattrapent au vol et l'emmènent dans une autre salle.

« Silence ! silence ! tu vas l'affoler. Il doit absolument rester calme », explique une souris aux allures de médecin.
« Mais que faites-vous avec cet éléphant ? »
« Tu n'as pas encore compris ? Nous sommes dentistes d'éléphants. C'est d'ailleurs la raison pour laquelle les éléphants ont toujours eu aussi peur de nous. »

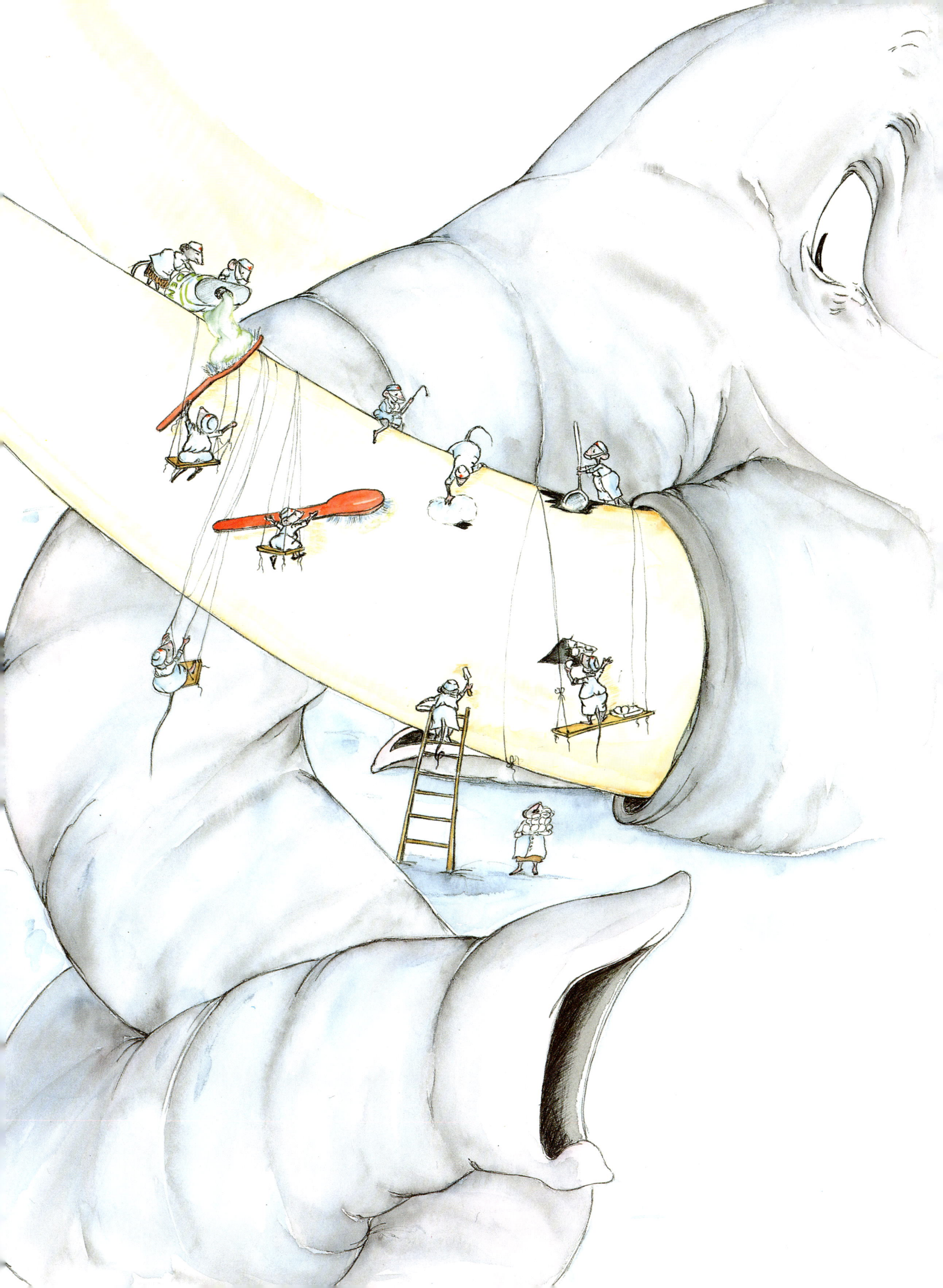

« Ah. Je vois. Et la dent de Marie ? »
« Elle est déjà en place, là-haut, pour boucher une carie dans la défense de l’éléphant. Tu peux aller la chercher, si tu veux », dit la souris, un peu moqueuse.

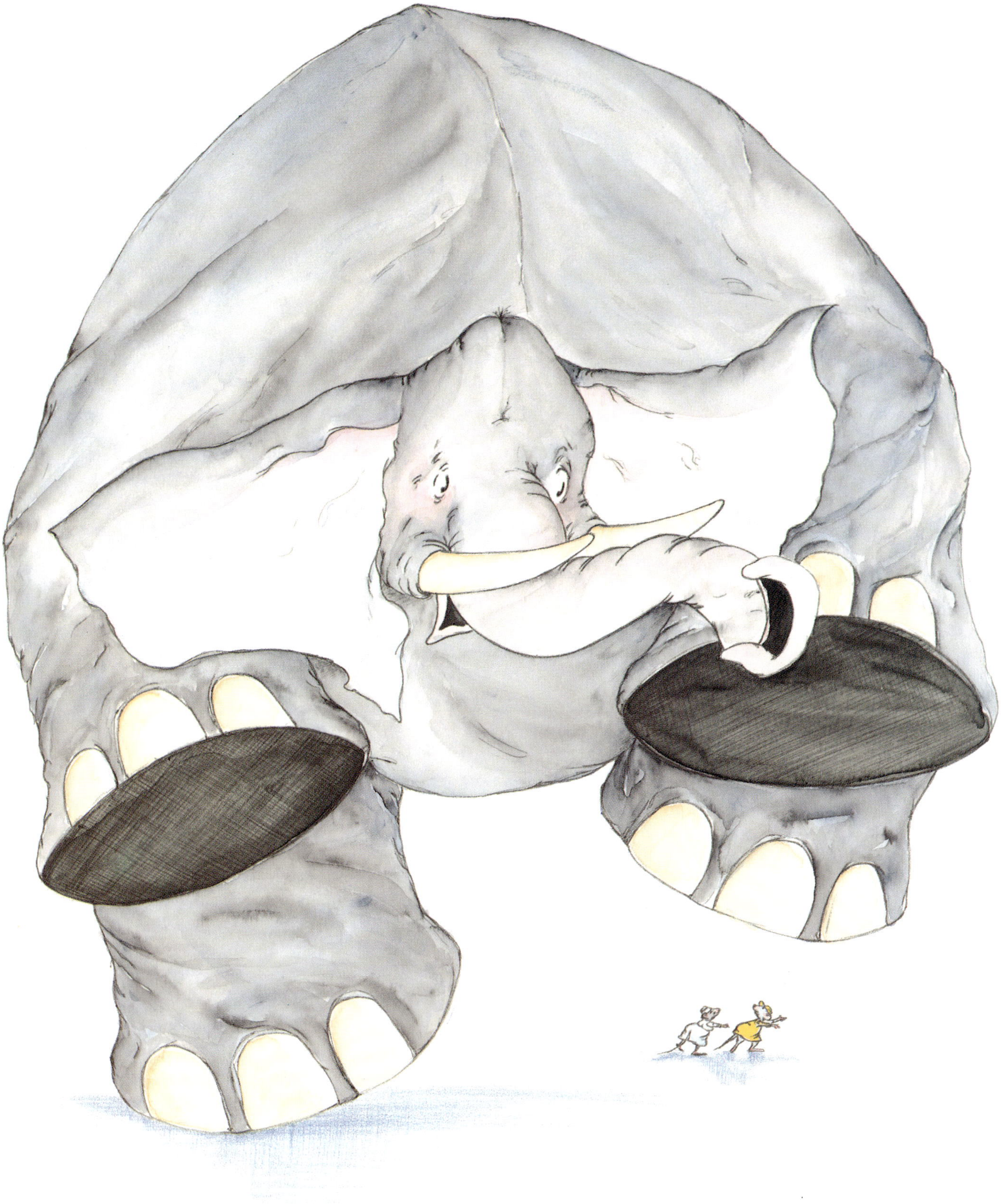

« Euh... vaut mieux que je rentre, je crois », dit Chloé.
« Dans ce cas nous allons te raccompagner. »

Plutôt soulagée, Chloé est maintenant pressée de retrouver sa jolie cage. Ces souris dentistes n’ont très certainement pas l’intention de lui prendre sa place auprès de Marie.

En passant, une des souris emballeuses
confie à Chloé un beau paquet.
« N’oublie pas le cadeau de Marie.
Elle mérite bien ça pour une si jolie dent ! »

Arrivées à destination, la souris grise
fait ses adieux à Chloé :
« Aller, je te laisse. Tu n’as plus qu’à livrer
le paquet sous l’oreiller. »
« Au revoir ! à bientôt ! » dit Chloé.

À peine réveillée, Marie regarde sous son oreiller. « Tiens, un petit éléphant en porcelaine. Qu'il est joli !

Mais Chloé, qu'est-ce que tu fais là ? Aurais-tu rencontré la petite souris cette nuit ? Au fait, à quoi elles lui servent, ces dents d'enfants ? Le sais-tu, toi, Chloé ? »